This Journal Belongs To

_____

_____

	/ /
Quote	TODAY'S DATE

___ / ___ / ___
TODAY'S DATE

Quote

/   /
TODAY'S DATE

Quote

/ /
TODAY'S DATE

Quote

Quote

___ / ___ / ___
TODAY'S DATE

___ / ___ / ___

TODAY'S DATE

Quote

Quote

/ /
TODAY'S DATE

___ / ___ / ___
TODAY'S DATE

Quote

/   /
TODAY'S DATE

Quote

___ / ___ / ___
TODAY'S DATE

Quote

Quote

/   /
TODAY'S DATE

___/___/___
TODAY'S DATE

Quote

_____ / _____ / _____
TODAY'S DATE

Quote

____ / ____ / ____

TODAY'S DATE

Quote

Quote

_____ / _____ / _____
TODAY'S DATE

___ / ___ / ___

TODAY'S DATE

Quote

| / / |
TODAY'S DATE

Quote

___ / ___ / ___

TODAY'S DATE

Quote

Quote

___ / ___ / ___
TODAY'S DATE

___ / ___ / ___
TODAY'S DATE

Quote

Quote

___ / ___ / ___
TODAY'S DATE

___ / ___ / _____
TODAY'S DATE

Quote

Quote

_____ / _____ / _____
TODAY'S DATE

___ / ___ / ___
TODAY'S DATE

Quote

Quote

___/___/___
TODAY'S DATE

_____ / _____ / _____
TODAY'S DATE

Quote

Quote

/ /
TODAY'S DATE

/   /

TODAY'S DATE

Quote

/ /
TODAY'S DATE

Quote

___ / ___ / ___
TODAY'S DATE

Quote

Quote

___ / ___ / ___
TODAY'S DATE

___ / ___ / ___
TODAY'S DATE

Quote

_____ / _____ / _____
TODAY'S DATE

Quote

___ / ___ / ___

TODAY'S DATE

Quote

Quote

___ / ___ / ___
TODAY'S DATE

/   /

TODAY'S DATE

Quote

Quote

___ / ___ / ___
TODAY'S DATE

        /   /

TODAY'S DATE

Quote

___ / ___ / ___
TODAY'S DATE

Quote

___ / ___ / _____
TODAY'S DATE

Quote

___ / ___ / ___
TODAY'S DATE

Quote

___ / ___ / ___
TODAY'S DATE

Quote

Quote

/   /
TODAY'S DATE

___/___/___

TODAY'S DATE

Quote

___ / ___ / ___
TODAY'S DATE

Quote

___ / ___ / ___

TODAY'S DATE

Quote

/   /
TODAY'S DATE

Quote

___ / ___ / ___
TODAY'S DATE

Quote

/   /
TODAY'S DATE

Quote

/ /
TODAY'S DATE

Quote

Quote

___ / ___ / ___
TODAY'S DATE

TODAY'S DATE ___/___/___

Quote

Quote

___ / ___ / ___
TODAY'S DATE

        /   /
TODAY'S DATE

Quote

/   /
TODAY'S DATE

Quote

___ / ___ / ___

TODAY'S DATE

Quote

/   /
TODAY'S DATE

Quote

_____/_____/_____
TODAY'S DATE

Quote

Quote

/ /
TODAY'S DATE

___/___/___

TODAY'S DATE

Quote

Quote

___ / ___ / ___
TODAY'S DATE

_____ / _____ /
TODAY'S DATE

Quote

Quote

___ / ___ / ___
TODAY'S DATE

___ / ___ / ___
TODAY'S DATE

Quote

/   /
TODAY'S DATE

Quote

___ / ___ / ___

TODAY'S DATE

Quote

Quote

___ / ___ / ___
TODAY'S DATE

/   /

TODAY'S DATE

Quote

Quote

___ / ___ / ___
TODAY'S DATE

___ / ___ / ___
TODAY'S DATE

Quote

Quote

___ / ___ / ___
TODAY'S DATE

___ / ___ / _____
TODAY'S DATE

Quote

Quote

/ /
TODAY'S DATE

___ / ___ / ___
TODAY'S DATE

Quote

/ /
TODAY'S DATE

Quote

/   /
TODAY'S DATE

Quote

/   /
TODAY'S DATE

Quote

___ / ___ / ___

TODAY'S DATE

Quote

Quote

___ / ___ / ___
TODAY'S DATE

_____ / _____ / _____
TODAY'S DATE

Quote

Quote

/ /
TODAY'S DATE

/   /
TODAY'S DATE

Quote

Quote

___ / ___ / ___
TODAY'S DATE

/   /

TODAY'S DATE

Quote

/ /
TODAY'S DATE

Quote

___ / ___ / _____
TODAY'S DATE

Quote

	/ /
Quote	TODAY'S DATE

__ / __ / __

TODAY'S DATE

Quote

/   /
TODAY'S DATE

Quote

___ / ___ / ___
TODAY'S DATE

Quote

Quote

___ / ___ / ___
TODAY'S DATE

___ / ___ / ___

TODAY'S DATE

Quote

/   /
TODAY'S DATE

Quote

/   /

TODAY'S DATE

Quote

/ /

TODAY'S DATE

Quote

___ / ___ / ___
TODAY'S DATE

Quote

___/___/___
TODAY'S DATE

Quote

_____ / _____ / _____
TODAY'S DATE

Quote

Quote

___ / ___ / ___
TODAY'S DATE

___ / ___ / ___

TODAY'S DATE

Quote

Quote

___ / ___ / ___
TODAY'S DATE

___ / ___ / ___
TODAY'S DATE

Quote

Quote

/ /
TODAY'S DATE

___ / ___ / ___
TODAY'S DATE

Quote

/   /
TODAY'S DATE

Quote

____ / ____ / ____
TODAY'S DATE

Quote

/ /
TODAY'S DATE

Quote

____/____/____
TODAY'S DATE

Quote

Quote

___ / ___ / ___
TODAY'S DATE

___ / ___ / ___
TODAY'S DATE

Quote

Quote

/ /
TODAY'S DATE

___ / ___ / ___
TODAY'S DATE

Quote

Quote

___ / ___ / ___
TODAY'S DATE

___ / ___ / ___
TODAY'S DATE

Quote

Quote

___ / ___ / ___
TODAY'S DATE

___ / ___ / ___
TODAY'S DATE

Quote

Quote

___ / ___ / ___
TODAY'S DATE

___ / ___ / ___
TODAY'S DATE

Quote

/ /
TODAY'S DATE

Quote

___ / ___ / ___
TODAY'S DATE

Quote

Quote

____ / ____ / ____
TODAY'S DATE

_____ / _____ / _____
TODAY'S DATE

Quote

Quote

/ /
TODAY'S DATE

___ / ___ / ___

TODAY'S DATE

Quote

Quote

___ / ___ / ___
TODAY'S DATE

___/___/___

TODAY'S DATE

Quote

___ / ___ / ___
TODAY'S DATE

Quote

____ / ____ / ____
TODAY'S DATE

Quote

Quote

___ / ___ / ___
TODAY'S DATE

___ / ___ / ___
TODAY'S DATE

Quote

/   /
TODAY'S DATE

Quote

___/___/___

TODAY'S DATE

Quote

___ / ___ / ___
TODAY'S DATE

Quote

/ /
TODAY'S DATE

Quote

Quote

___ / ___ / ___
TODAY'S DATE

___ / ___ / ___
TODAY'S DATE

Quote

_____ / _____ / _____
TODAY'S DATE

Quote

___ / ___ / ___
TODAY'S DATE

Quote

/ /
TODAY'S DATE

Quote

/   /

TODAY'S DATE

Quote

___ / ___ / ___
TODAY'S DATE

Quote

____ / ____ / ____
TODAY'S DATE

Quote

Quote

___ / ___ / ___
TODAY'S DATE

___ / ___ / ___
TODAY'S DATE

Quote

Quote

___ / ___ / ___
TODAY'S DATE

___/___/___
TODAY'S DATE

Quote

Quote

___ / ___ / ___
TODAY'S DATE

___/___/___

TODAY'S DATE

Quote

/   /
TODAY'S DATE

Quote

/ /
TODAY'S DATE

Quote

	/ /
Quote	TODAY'S DATE

___ / ___ / ___

TODAY'S DATE

Quote

Quote

___ / ___ / ___
TODAY'S DATE

___ / ___ / _____
TODAY'S DATE

Quote

Quote

___ / ___ / ___
TODAY'S DATE

TODAY'S DATE ___/___/___

Quote

Quote

___ / ___ / ___
TODAY'S DATE

___ / ___ / ___
TODAY'S DATE

Quote

Quote

___/___/___
TODAY'S DATE

/   /

TODAY'S DATE

Quote

Quote

___/___/___
TODAY'S DATE

___ / ___ / ___
TODAY'S DATE

Quote

___ / ___ / ___
TODAY'S DATE

Quote

___ / ___ / ___
TODAY'S DATE

Quote

Quote

_____ / _____ / _____
TODAY'S DATE

___ / ___ / ___
TODAY'S DATE

Quote

Quote

___ / ___ / ___
TODAY'S DATE

_____ / _____ / _____
TODAY'S DATE

Quote

Quote

___/___/___
TODAY'S DATE

___ / ___ / ___

TODAY'S DATE

Quote

/ /
TODAY'S DATE

Quote

___ / ___ / ___

TODAY'S DATE

Quote

Quote

___ / ___ / ___
TODAY'S DATE

___/___/___

TODAY'S DATE

Quote

Quote

_____ / _____ / _____
TODAY'S DATE

___/___/___

TODAY'S DATE

Quote

___ / ___ / ___
TODAY'S DATE

Quote

___ / ___ / _____
TODAY'S DATE

Quote

Quote

/ /
TODAY'S DATE

__ / __ / __

TODAY'S DATE

Quote

Quote

___ / ___ / ___
TODAY'S DATE

/ /

TODAY'S DATE

Quote

Quote

TODAY'S DATE   /   /

TODAY'S DATE

Quote

/   /
TODAY'S DATE

Quote

___ / ___ / ___

TODAY'S DATE

Quote

Quote

___ / ___ / ___
TODAY'S DATE

___/___/___

TODAY'S DATE

Quote

_____ / _____ / _____
TODAY'S DATE

Quote

_____ / _____ / _____
TODAY'S DATE

Quote

Quote

___ / ___ / ___
TODAY'S DATE

___/___/___

TODAY'S DATE

Quote

/   /
TODAY'S DATE

Quote

___ / ___ / _____
TODAY'S DATE

Quote

Quote

___ / ___ / ___
TODAY'S DATE

___ / ___ / ___
TODAY'S DATE

Quote

___ / ___ / ___
TODAY'S DATE

Quote

/   /

TODAY'S DATE

Quote

___ / ___ / ___
TODAY'S DATE

Quote

___/___/___

TODAY'S DATE

Quote

www.ingramcontent.com/pod-product-compliance
Lightning Source LLC
LaVergne TN
LVHW060138080526
838202LV00049B/4023